CHANSONS

COMPOSÉES

A L'OCCASION DE LA CÉLÈBRE MISSION DE NOGENT-LE-ROTROU ;

PAR

FILLEUL-PÉTIGNY.

CHANSONS.

CHANSONS

COMPOSÉES

A L'OCCASION DE LA CÉLÈBRE MISSION

DE NOGENT-LE-ROTROU;

DÉDIÉES

AUX RÉVÉRENDS PÈRES MENOUST ET DE LA HAYE,

RECUEILLIES ET PUBLIÉES

PAR

FILLEUL-PÉTIGNY.

PRIX : 1 FRANC.

A PARIS,

CHEZ LEQUIEN FILS, LIBRAIRE,

RUE DU BATTOIR, N. 20.

—

M DCCC XXX.

PRÉFACE.

On se rappele les résultats de la mission de Nogent-le-Rotrou, qui finit par un soulèvement populaire dont je faillis être victime. On n'a pas oublié cette *Virago*, Marie-Jeanne Duband, dite *grenadier* ou *la jureuse*.

Je crois être utile à la cause constitutionnelle en livrant à l'impression les couplets improvisés pour ainsi dire, sous le poignard jésuitique; alors je rêvais la liberté; aujourd'hui mon cœur s'enivre de ses douceurs.

La touchante *Quotidienne*.
Et puis d'autres bons journaux

Pour venger jusqu'aux bedeaux,
Vont entonner une antienne.
L'écho même redira :
Éteignoir, *nos libera.*

ANNONCE.

AIR : Satan dit un jour à ses pairs.

A la voix d'un évêque ardent
   Nous nous mettons en route,
Demain votre pays charmant
   Nous fêtera sans doute.
  En chaire nous tonnerons,
  Tout comme de vrais démons.
   Descendez à la cave,
Et servez-nous, bons Nogentais,
   Du Bourgogne ou du Grave;
   Nous buvons sec et frais.

On nous dit noirs; mais point d'effroi!
   Nous sommes bons apôtres :
Oui, par un saint de bon aloi,
   Nous en valons bien d'autres.

Rouen nous a trop menés
Pour faire les *forcenés*.
Descendez à la cave, etc.

N'allez pas sur quelques discours
Nous juger, ô chers frères ;
Car, bien que nous grondions toujours,
Nous sommes peu sévères.
La morale d'Escobard
Convient surtout au cafard.
Descendez à la cave, etc.

Si quelque grigou desirait
Purger sa conscience,
Auprès d'Ignace il traiterait
En toute confiance.
Si beaucoup vous nous donnez,
Vous serez tous pardonnés.
Descendez à la cave,
Et servez-nous, bons Nogentais,
Du Bourgogne ou du Gravé ;
Nous buvons sec et frais.

L'ARRIVÉE.

Air : Halte-là !

De Dieu voyez les apôtres ;
Du ciel voyez les soldats ;
Pour dire des patenôtres
Tous paraissent assez gras.
Le jeûne est la nourriture
Des grands saints et des élus ;
A quoi bon vile pâture
Et tant de mets superflus !
  Nogentais, Nogentais,
  Priez, jeûnez désormais !

D'une face rubiconde
Loin d'être même surpris,
Dites : La grâce seconde
Ce menton à plusieurs plis :

Oui, d'une milice sainte
Admirez jusqu'aux dehors ;
Ne connaissant point la feinte
Pour vous ils soignent leurs corps.
  Nogentais, Nogentais, etc.

Si sans souffle, sans haleine,
Un bon père restait court,
Qui ne plaindrait la bedaine
Rappelant maint calembourg :
Mais, morbleu ! la foudre éclate;
Tout l'auditoire en pâlit;
On doit bénir cette rate
Qui soudain nous convertit.
  Nogentais, Nogentais, etc.

La femme est une charogne
Soit dit... mais au figuré...
Ce sexe peut sans vergogne
Ouïr ce mot épuré :
Si bien que juste et sonore
Il faisait verser des pleurs.

C'est que petite pécore
Aime toujours les douceurs.
  Nogentais, Nogentais, etc.

En vain partout l'on murmure,
On parle en vain de pétards;
Bien que rusés, je vous jure,
Ce ne sont point des renards :
Si par fois d'une poulette
Un père fait son repas;
Ce n'est jamais en cachette;
Car la nuit voit leurs ébats.
  Nogentais, Nogentais,
  Priez, jeûnez désormais.

1.

LA COHORTE D'IGNACE.

Air : Un Espagnol du haut de la frontière.

Elle est-ici la cohorte d'Ignace,
Jadis l'effroi, même des potentats;
Ramas impur, bravant toute menace,
Qui sut troubler, corrompre les états!
Sans Dieu, sans foi, de Rome, vils esclaves,
Par les enfers, oui, vous fûtes vomis;
Ah! Nogentais, dédaignant leurs entraves,
A leurs clameurs opposons le mépris!

Ombre d'Henri, trop illustre victime,
Tu fais encor couler de justes pleurs!
L'astuce en vain crut dérober ce crime;
D'un Ravaillac on connaît les fauteurs.

Dépouillez-vous , videz , videz vos caves ,
Des Escobards , tel est le saint avis ;
Ah ! Nogentais , etc.

Un vrai chrétien dissipe les nuages
Et ne reçoit que des marques d'amour :
Un vrai jésuite appelle les orages,
Et Plutus seul l'inspire chaque jour :
Mangez des choux, mangez, mangez des raves ;
Vous obtiendrez , dit-il , le paradis ;
Ah ! Nogentais , dédaignant leurs entraves,
A leurs clameurs opposons le mépris.

LA PESTE.

Air : Lundi pour une semaine.

Amis, ai-je la berlue?
Souffle-t-il du bon côté?
La peste semble venue
En ce pays peu vanté.
Pourquoi ces corbeaux voraces
Qui font pâlir les vivants?
Des morts ils aiment les traces;
Prenons garde aux mauvais vents.

Capitale du grand Perche,
Sur toi fondent mille maux;
Un remède en vain je cherche,
Je crains pour mes propres os.

Amis, si le mal augmente,
Fermons jusqu'aux contre-vents ;
A travers petite fente
Pénètrent les mauvais vents,

Oiseaux de funeste augure,
Fuyez loin de ces climats ;
Ailleurs cherchez la pâture,
L'Espagne vous tend les bras !
Un bûcher brille à Valence,
On y venge les couvents ;
En vain contre notre France
Sont déchaînés tous les vents.

L'INDULGENCE PLÉNIÈRE.

AIR : De la Catacoua?

Venez, amis de la paresse,
Lire l'ordre de monseigneur;
Remerciez bien sa grandesse
Qui rêve, hélas! votre bonheur.
Lisez indulgences plénières;
Des vieux péchés rémission;
La mission,
Contrition,
Vont garantir de la damnation
Les laïcs, les mauvais compères,
Qui craignent la combustion.

Du roi méprisez l'ordonnance
En écorchant : *non possumus;*

Pour le pape une révèrence,
Et répétez maint *oremus* :
De l'univers il est le maître
Ce qui se prouve en bon latin :
    Mais tout vilain
    Ne l'entend point ;
Aussi priez le soir et le matin
  Sans être à même de connaître
  Le langage de l'esprit saint.

  Un passe-port pour l'autre monde
  Les Escobards pourront signer ;
  Oui, cette affaire est toute ronde ;
  Mais de l'argent il faut donner :
  Pour eux dépouillez vos familles ;
  Qu'entendez-vous par sentiment ?
    Un testament
    Peut promptement
Vous procurer aux cieux un logement.
  Qui ne craint pour des peccadilles
  De Voltaire le châtiment ?

L'AMBASSADE CÉLESTE.

AIR : Un jour le bon Dieu s'éveillant.

Au nom de Dieu nous arrivons
Pour convertir les Percherons ;
Du Très-Haut c'est une ambassade
Et non nouvelle mascarade :
Sachez qu'un premier magistrat
De saint Ignace est bon soldat.
Si par malheur vous refusez la grâce,
Que Dieu, Nogentais, confonde votre audace
Oui, que Dieu confonde votre audace.

Chut ! je vais d'une mission
Donner la définition ;
Des faveurs, oui, c'est la plus grande ;
Et bien loin que l'on vous gourmande

Aux épouses à l'œil malin
Nous pardonnons tendre larcin.
Si par malheur, etc.

Écoutez nos cantiques saints
Mis sur des airs républicains ;
Hélas ! dans l'ardeur qui m'enflamme,
Je ne voudrais sauver qu'une ame ;
Fuyez, fuyez les esprits forts,
Et partagez nos doux transports.
Si par malheur, etc.

Dans un temple des plus petits
J'aperçois des bancs dégarnis :
Quoi ! cette enceinte resserrée
Moins qu'un spectacle est encombrée !
En ce grand jour que de pécheurs
Devraient gémir, verser des pleurs !
Si par malheur, etc.

Mais plus Satan nous fait de tours,
Plus Ignace est notre secours :

2

Grâce à nos paroles mielleuses
Nombre d'âmes seront heureuses ;
Pour récompense ne voulant rien,
Nous n'acceptons que votre bien.
Si par malheur, vous refusez la grâce,
Que Dieu, Nogentais, confonde votre audace,
Oui que Dieu confonde votre audace.

LES BOUDOIRS

TRANSFORMÉS EN SALLE DE THÉOLOGIE.

AIR : Tout ça marche, etc.

Le monde dans ses filets
Attire mainte bergère;
Mais sachez que dans nos rêts
Une chute est plus légère :
Belle invoque un ministère
Qui fait pâlir les amants,
La fillette, la grand'mère;
Tout ça tombe (*ter*) en même temps.

Combien l'âge des amours
Craint les langues indiscrètes;
Des pleurs pendant les beaux jours
Arrosent jusqu'aux musettes !

Mais, sous nos robes discrètes,
En dépit des médisants,
Les dévotes, les grisettes,
Tout ça saute (*ter*) en même temps.

Voulant métamorphoser
Tous les boudoirs d'une ville,
Soudain on entend gloser
Blondine et brune gentille.
Ce sexe, dit-on, babille;
Aussi que de feux roulants !
Sur notre saint Évangile
Tout ça parle (*ter*) en même temps.

LES PILIERS DE L'ÉGLISE.

Air : Du menuet de l'Exaudet.

De ce lieu
Ventrebleu!
La muraille,
D'après mon ordre divin,
Doit, gagnant du terrain,
Contenir la canaille :
Mais les sots,
Les nigauds
Tous décampent,
Je sens grossir mon courroux;
Car, nuls de mon miel doux.
Ne lampent.
O désespoir! ô surprise!
Presque vide est donc l'église?

2.

Je ne vois
Que minois
Sans noblesse!
Bon! bon!
L'infâme démon
Craint de voir au sermon
La presse!
Un méchant
Bien souvent
Nous écoute,
Et rapporte à son voisin
Des mots, pleins de venin,
Que vous aimez sans doute :
Sans sursis
Je punis
Ce blasphème;
Car, vous voyant tous sortir,
Je vais tonner, mugir
De même.

L'AMENDE HONORABLE.

Air : De la Treille de sincérité.

Par une amende
Je demande
A toucher les pauvres pécheurs ;
Bons Nogentais, versez des pleurs.

Du Dieu clément j'ai le mot d'ordre ;
C'est d'allumer mille flambeaux !
Républicains, faut en démordre,
Certain chiffon tombe en lambeaux.
Oubliez-tous de la patrie
L'autel, hélas ! ensanglanté ;
Vite des fleurs, de la bougie ;
Jésus l'a dit, point d'entêté.
    Par une amende, etc.

Ignace en pleurs, pour vous invoque
Le Dieu maître de l'univers ;
Il faut subir, sans équivoque,
Nos impôts et même nos fers.
Un chapelet ne peut suffire
S'il passe dans plus d'une main ;
Pour toujours craignez-vous de cuire,
Achetez-en, mais dès demain.

 Par une amende, etc.

Pardon, mon Dieu, pour la canaille
Qui daigne suivre nos sermons ;
Pardon, mon Dieu, pour la marmaille
Qui craint l'enfer et ses chaudrons ;
Pardon pour mainte Magdeleine
Qui compte cinquante printemps ;
Pardon pour ce vieux capitaine
Qui fait rire jusqu'aux enfants.

 Par une amende, etc.

Pardon pour la folle intrigante
Qui sème partout des discords ;

Pardon pour l'ame pénitente
Qui des Grecs vanta les efforts;
Pardon pour l'épouse infidèle
Qui croit dérober ses travers;
Pardon pour le gueux sans écuelle
Qui croit chanter tous les hivers.
　Par une amende, etc.

Que la foudre de ta vengeance,
Être divin, frappe à l'instant
L'homme assez rempli d'ignorance
Pour nous refuser de l'argent!
Que sous tes coups tombe l'impie
Qui rit de notre saint Patron!
Et, partageant notre furie,
Tonne sans interruption!
　Par une amende, etc.

L'AUTO-DA-FÉ.

AIR : Et rallumons le feu.

Nogentais, quel fait lumineux
  Vous place dans l'histoire!
Non, jamais vos petits neveux
  N'oseront même y croire.
  De par l'inquisition
  C'est une sommation.
    Au feu, Rousseau, Voltaire;
  Plus de romans, bons ou mauvais,
    L'Espagne nous éclaire;
    Ne soyons plus Français.

De Belzébut, plein de courroux,
  Apprenez les alarmes!
Ce maudit, prince des filoux,

Vient de perdre ses armes :
Des six Codes, en effet,
Un feu de joie on a fait.
Au feu, Rousseau, Voltaire, etc.

Ignorantins, criez vivat!
Il est permis de lire;
Mais l'alphabet, à chaque état,
Désormais doit suffire :
Gessner, Corneille, roussis,
Ne corrompront plus vos fils.
Au feu, Rousseau, etc.

Des jours sanglants de la terreur,
O triste souvenance!
Mais nos prières du Seigneur,
Ont fléchi la clémence!
En vain le doux mot d'oubli
D'un roi fut le noble cri.
Au feu, Rousseau, etc.

Comme autrefois, peuple soumis,
Pour effacer ton crime,

Dès que nous serons affermis
Tu repaîras la dîme.
A Rome, on l'a décrété ;
Au ciel c'est arrêté :
Au feu, Rousseau, Voltaire,
Plus de romans, bons ou mauvais,
L'Espagne nous éclaire ;
Ne soyons plus Français.

DES ADIEUX.

Air : Déjà l'aurore.

Loin des bords de l'Huîne
Enfin s'achemine
La noire vermine
Qui glace d'effroi :
Que l'on se caresse ;
Foin de la tristesse !
Qu'à table on se presse ;
Plus d'hommes sans foi !

La populace
Pleure et grimace
Après Ignace ;
Mais l'ami des lois

Gémit d'avance
Sur la Provence,
Où cette engeance
Brave jusqu'aux rois.

Adieu, gaillardise,
Adieu, gourmandise,
Et fainéantise,
Trois nobles vertus.
Plus de sombres larmes,
De vives alarmes ;
Prions sans gendarmes ;
Ils sont disparus !

De l'Évangile
Le champ fertile
Reste stérile
Sous les Escobards :
Du fanatisme
Le sanglant prisme,
L'affreux sophisme,
Cachent les poignards.

O douce patrie!
O ville chérie!
Quelle confrérie
Trouble mes regards?
D'Ignace l'armée,
D'ivresse animée,
Semble moins famée
Que les vils mouchards.

De la canaille,
De la marmaille,
C'est la bataille;
Vive l'éteignoir!
Grâce au jésuite
L'onde bénite
A mis en fuite
Certain esprit noir.

O Dieu de mes pères!
Cède à mes prières,
Rends des jours prospères
Au Perche aveuglé!

Oui, que l'ignorance
Délaisse la France
Et vole à Valence ;
La flamme à brillé !

Peuple facile,
Peuple mobile,
Quitte la file
De ces rangs trompeurs ;
Et de ma lyre
Suis le délire
Pour toujours dire :
A bas les fureurs !

L'HISTOIRE DE CES MESSIEURS.

AIR : De la Cosaqui.

Bonjour, mon ami Vincent,
Que j't'apprenne des nouvelles,
N'y a plus moyen z'a présent
De rire avec les d'moiselles.
Quand on l'z'approch' (manièr' de jeu,)
Ell' se r'tir' de vous comme si c'était l'feu,
Ell' s'en vont courir les chapelles,
Où soir et matin l'on *preschi prescha*;
Et patati, et patata,
Il est v'nu des gens tout exprès pour ça.

Ils dis', z'entre quatre z'yeux,
Que s'tila qui lit se damne :

5.

Que pour être bienheureux,
Il n'est rien tel que d'être âne.
Les livres sont brûlés à tas;
J'naurons plus besoin de Frères-Colas;
Avoir d'l'esprit ça nous condamne :
J'deviendrons parfaits si jamais y'en a.
Et patati, et patata,
Je s'rons bén gentils quand je s'rons comme ça.

J'croirais presqu'ils ont raison,
Car ma femme en perd la tête;
Et j'crains bén qu'à la maison
Tout le monde n'devienn' bête.
Car depuis tout c'train là, vois-tu,
Quand l'un tire à guia, l'autre tire à hu;
Plus d'travail, en place on n'arrête;
On veut entendre c'galimathias là.
Et patati, et patata,
Jamais j'n'avions vu de pareil sabat.

L'un d'eux fâché, comme un geai,
Dit qu'on est abominable,

Si l'on ne veut, sans délai,
Faire l'amende honorable.
Ceci m'paraît fièrement bien dit :
Aussi mon bourgeois n'est-il qu'un bandit;
Il s'en moque, le misérable!
On le brûlera pour ce crime là.
Et patati, et patata,
Et l'on gagnera l'paradis pour ça.

Ils affirment bel et bien
Qu'ils ont droit de tout connaître;
Que le roi, près d'eux, n'est rien;
Qu'aucun homme n'est leur maître.
Le pape dit qu'ils ont menti;
Eux, nous étourdiss' et soutiënn' que si.
Par ma foi, ça pourrait bien être,
Car on nous pétrit justement pour ça.
Et patati, et patata,
Bien des gens, dit-on, sont de c't'avis là.

Je somm' mis en régiment
Comme on fait du militaire;

C'est pour la r'ligion seul'ment,
A c'qu'on dit; j'nous laissons faire.
Mais, Vincent, malgré le respect
Qu'on doit au curé, ça m'paraît suspect :
Entre nous j'crois qu'c'est pour la guerre;
Sinon, à quoi bon ces manœuvres là?
Et patati, et patata,
Voilà trente-six ans qu'on faisait comme ça.

Et parmi tout ce tracas
Je trouve un' grande injustice;
Car les riches ne sont pas
Enrôlés dans not' milice.
Sans ça, mon gars, ah! qu'ça s'rait biau;
Tout le mond' là-d'dans est porte drapiau :
L'on dit cor, que c'est par malice,
Pour tirer d'l'argent et payer tout ça.
Et patati, et patata,
Faudrait mieux l'donner au pauvre soldat.

Maintenant, v'là ce qu'on dit
Touchant cette grande affaire.

Not' curé qu'est homm' d'esprit,
Croit qu'ce n'est guèr' nécessaire.
Qu'sans ça l'on peut être chrétien,
Qu'si ça n'fait pas d'mal, que ça n'fait pas d'bien
Hors z'à ceux qui font métier d'braire
En voulant singer un peu l'opéra.
Et patati, et patata,
Afin d'en venir à leurs fins par-là.

L'INQUISITEUR AMBULANT,

AIR : Du Solitaire.

Quel homme à mine pâle
Joint un menton barbu ;
Qui recouvre un chef sale
D'un feutre tricornu ;
Qui prêche en cris farouches ;
Qui cache un cœur de fiel,
Et roule en des yeux louches
L'ame de Jean Châtel ?
C'est le missionnaire
  Assassin,
  Libertin,
  Patelin,
  Arlequin.

Qui prêche l'ignorance
Pour imposer des fers ;
Qui médite en silence
L'assaut de l'univers;
Malgré lois et menace,
Qui sait suivre ses plans ;
Sous le noir froc d'Ignace
Qui corrompt nos enfants?
C'est le missionnaire, etc.

Qui veut, près de la chaire,
Gendarmes doux et bons ;
En cordon sanitaire
Qui range des dragons;
Fort de ces escouades
Qui nous prépare aussi
Des jours à barricades
Ou des Barthélemy?
C'est le missionnaire, etc.

Qui noircit la mémoire
Du meilleur de nos rois ;

Qui voudrait de l'histoire
Retrancher ses exploits;
D'un monstre fanatique
Qui conduisit la main;
Qui traite d'hérétique
L'ami du genre humain?
C'est le missionnaire, etc.

Aux yeux d'un roi qu'on aime
Cachant la vérité,
Qui de l'Être suprême
Outrage la bonté;
Qui vit pour la vengeance,
Le sang et les débris;
Et qui de la potence
Est digne en tous pays?
C'est le missionnaire
    Assassin,
    Libertin,
    Patelin,
    Arlequin.

CANTIQUE LUGUBRE

SUR LA MISSION,

DÉDIÉ AU VRAI PEUPLE DE DIEU.

La Mission au Paradis
Peut-elle jamais nous conduire,
Tant que les plus malins esprits
Se chargeront de nous instruire?

La Mission en tout pays
Jamais n'enfanta que des crimes !
Combien de parents désunis !
On ne peut nombrer ses victimes.

La Mission ! mot infernal,
Qu'inventa l'Ange des ténèbres
Pour rendre éclatant le fanal
Qui brille à ses fêtes funèbres.

La Mission fut de tout temps
Le précurseur de l'indigence.
Déjà vers tous les pauvres gens
La famine à grands pas s'avance !

La Mission ! à son départ
Nous connaîtrons notre misère ;
Nos pleurs couleront ; mais trop tard.
Nous n'aurons plus d'amis sur terre !

Quel crime ont commis nos pasteurs
Pour être chassés du Saint Temple ?
Quelle foi donner aux jongleurs
Qui tremblent quand on les contemple ?

En ce temps-la, Jésus l'a dit...
Il paraîtra de faux prophètes !
Méfiez-vous de leur esprit,
De l'enfer ils sont interprètes.......

Grand Dieu ! serait-il advenu
Le jour de cette prophétie !

Satan nous aurait-il vendu
A la race la plus impie !

Éloignons nous de ces méchants.
Il en est temps encor, peut-être !
Venez tous, remettons l'encens
Aux mains pures de notre prêtre.

Pardonnez ! pasteur vénéré,
A notre erreur déjà funeste !
Priez avec nous, bon curé,
Apaisons le courroux céleste.

AUTRE.

Air : Il faut des époux.

Ils sont donc, hélas ! arrivés,
Ces jours d'orages, de tempêtes,
Où, par les démons soulevés,
Apparaîtront de faux prophètes !!!
Déjà, de nos temples sacrés
Leurs cris ont ébranlé la voûte !
Ils en ont chassé nos curés !
Et le peuple encor les écoute !

Peuple faible, que je te plains !
Eh quoi ! tu ne vois pas le piége ?
Tu n'aperçois pas dans leurs mains
Un nouveau poignard sacrilége !
D'une sainte religion

Ils ont ravi le diadème.
Sur la croix de la mission
Ils veulent attacher Dieu même!

Ainsi, pour la seconde fois
Ennemis du christianisme,
Ils remettront Jésus en croix
Pour l'honneur du Jésuitisme!
A tant d'iniquités, grand Dieu !
Prêterons-nous encor l'oreille?...
Que pour les chasser du saint lieu
Notre raison enfin s'éveille.

Fuyons ces parvis profanés
Par les discours de ces impies.
Trop long-temps nos yeux fascinés
Ont protégé leurs infamies.
Aux pieds de nos anciens pasteurs,
Effrayés de notre méprise,
Allons avouer nos erreurs,
Rentrons dans le sein de l'Église.

IMPRIMERIE ET FONDERIE DE G. DOYEN,

PARIS. — RUE SAINT-JACQUES, N. 38.

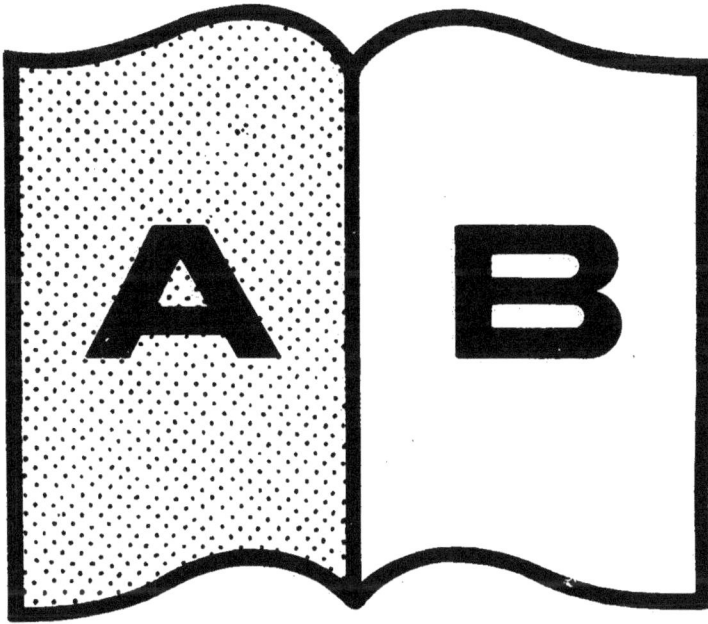

Contraste insuffisant

NF Z 43-120-14

www.ingramcontent.com/pod-product-compliance
Lightning Source LLC
LaVergne TN
LVHW022200080426
835511LV00008B/1487